마음에서 마음을 만나다

정경미

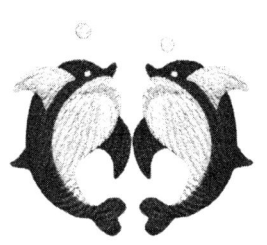

오늘의문학사

마음에서 마음을 만나다

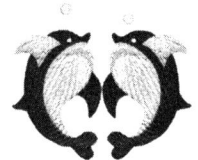

| 서문 |

  수많은 만남 속에서 격 없이 나누던 대화는 진정성 있는 마음을 만나게 되고, 울고 웃고 서로 공감하며 주고받던 우리만의 순수한 삶의 이야기를 잔잔하게 속삭이듯 글밭을 일구었습니다.

  팍팍한 삶의 언저리에서 언제라도 찾아갈 수 있는 곳이 있다는 것은 축복입니다, 우리의 바다가 그렇습니다. 갈 때마다 색다른 얼굴로 조건 없이 한껏 반겨 주고, 아낌없이 내어주는 풍요 속에서 쉼을 얻고 다시 평온함을 선물 받습니다.

  그 바다에게 답례라도 하듯 삶을 빗대어 쓴 시(詩)를 모아 시월에 어느 멋진 날, 예쁜 시집 『마음에서 마음을 만나다』를 만나게 되어 가슴 벅찬 기쁨입니다.

  때론 마음이 지치고 힘들 때 언제라도 곁을 지켜주는 마음의 친구처럼 누군가에게 사랑받는 시(詩)가 되길 감히 소망해 봅니다. 마음에도 위로가 필요하듯 그렇게 말입니다.

2024년 시월의 어느 멋진 날에
julia의 창가에서 정 경 미

| 목차 |

서문 · 5

1부 생명은 탯줄에 핀 꽃이다

시간의 언어 · 13
느티나무의 편지 · 14
사계절의 지혜 · 16
패러다임이 필요해 · 17
까닭과 이유 · 18
바람의 이야기 1 · 20
바람의 이야기 2 · 21
파도의 대답 1 · 22
파도의 대답 2 · 23
못다 한 말 1 · 24
못다 한 말 2 · 25
못다 한 말 3 · 26
인생 1 · 27
인생 2 · 28
시(詩) · 29
기억의 혼선 · 30
가고 오고 · 32

2부 고유의 빛을 찾아 서성입니다

장미의 유혹 • 35

화석(化石)처럼 • 36

여름날의 기억 1 • 38

여름날의 기억 2 • 39

세월은 1 • 40

세월은 2 • 41

세월은 3 • 42

나비의 꿈 1 • 43

나비의 꿈 2 • 44

이제는 말할 수 있어 1 • 45

이제는 말할 수 있어 2 • 46

이제는 말할 수 있어 3 • 48

인생 3 • 49

인생 4 • 50

사랑의 속삭임 • 51

이별은 1 • 52

꽃들은 • 54

3부 진솔함은 새벽이슬처럼

무의식은 • 57

출발선 • 58

페르소나 • 59

사랑의 시차 • 60

또 다른 나 1 • 61

또 다른 나 2 • 62

그녀의 바다 • 63

수채화처럼 • 64

시(詩)와 그림은 • 65

흔적 1 • 66

흔적 2 • 67

흔적 3 • 68

차원의 시간 • 69

미루나무 추억 • 70

오동나무의 약속 • 71

은사시나무엔 • 72

눈썰미 • 73

4부 마음에 근육을 키웁니다

첫사랑의 비밀 • 77
팔월에는 • 78
구월에는 • 80
단톡방 • 82
시월엔 • 83
사랑의 가면 1 • 84
사랑의 가면 2 • 85
말의 힘 • 86
이별 2 • 87
진심은 • 88
주문을 걸어봐 • 89
이별 3 • 90
전 의식 • 91
착시현상 • 92
그런 적 있나 • 94
신호대기 • 95
기다림 • 96

5부 민트 향으로 시작하자

좋은 만남 1 • 99
좋은 만남 2 • 100
몽돌 이야기 • 101
무녀도(無女島)엔 • 102
시(詩) 빚기 • 103
겨울 바다 • 104
들꽃의 대답 • 106
소라게의 사랑 • 108
갈매기의 꿈 • 109
파도 이야기 • 110
황사 • 113
소통이 필요해 • 114
무화과나무 • 116
십일월로 가는 길 • 117
훌쩍 떠나자 • 118
공지천의 추억 • 120
환희의 빛 • 121

나오는 말 • 122

1부

생명은 탯줄에 핀 꽃이다

마음에도 위로가 필요해

시간의 언어

귓가에 들리는
시계 침 소리를
단순히 흘리지 말고

같은 곳에서
같은 소리일지라도
다른 의미를 알아야지

규칙과 질서는
지키는 거고
의무를 다 하라

분침은
나를
다독거린다.

느티나무의 편지

처음엔
마냥 파릇파릇
한들거리는 줄 알았고

빛깔은
맑고 투명해야만
되는 줄 알았지

목마름도
꾹 참고
참아야 하고

비바람이 불어도
가만히 고개 숙이며
견디는 법을 배우니

긴 시간이
흐르고 흘러

깊은 의미가
삭히고 삭혀지고서야

마침내
거목이란 이름을
선물 받았다 합니다.

사계절의 지혜

봄이 오가듯
생명의 축복을 느끼며

여름의 작열한 에너지를
성실히 활용하여

가을의 풍성한
결과에 감사해야지

겨울은 잘 견디며
자신을 회복하고

빛과 어둠의
들숨과 날숨을

일깨우며 이치를
터득하랍니다.

패러다임이 필요해

손가락 길이가 다르듯
발가락 두께가 다르듯

생김새가 다르다는 것은
표현과 생활방식도 다른 법

다르다는 인식과
딱- 맞닥뜨릴 땐

타성에 젖었던 희생을
정확히 표출하고 나니

본성의 맑은 선택이
자존감을 다시 회복시켰다.

까닭과 이유

시작은
설렘으로

질서와
규칙에

묵묵히
순응하고

책임과
의무는

무조건
실천하고

약속은
노력이고

믿음은
당연함

자신에게 맞는
흐름을 따라서

성장 통을
견디는 이유입니다.

바람의 이야기 1

밤하늘의 별들이
총총하게
빛나는 이유는

개성을
존중함이고

저 바다가
시원한 까닭은

욕심을
서서히 조금씩
덜어내고

저 산이
든든함처럼
이치를 인식하랍니다.

바람의 이야기 2

저 들판이 포근함은
풀잎의 사락거림이고

시리도록 투명함은
쉼 없는 흐름 따라

추억과 기억을
이어가는
이음줄을 긋는 거.

파도의 대답 1

아름다운
이별을 배우고

소망의
결정체는

결 따라
맺혔다 하고

기다림은
청잣빛으로

물빛의
그리움을 우려내며

우렁찬
함성으로

바닷길을
닦아보라 합니다.

파도의 대답 2

움직임은
하얀 마음으로
생성되고

찌꺼기는
버리라 하며

체념 말고
습관을 길러

통찰을 찾는
여행길 나서고

파동과 파동들이
거듭한대도

매력적인 빛의
세례를 꿈꾸며

오롯이 미래의
새 물결이 됩니다.

못다 한 말 1

이름이
없는 것이 아니고

얼굴을
모르고

마음이
없는 게 아니라

이름을
알 수 없어

눈빛을
맞추지 못한 거지

서로의 속마음을
못 나누고

낯가림으로
눈길만 보내며

습관처럼
돌아선 겁니다.

못다 한 말 2

누군가
다가올수록

겁난
눈빛으로

푸드득
빙- 돌아

속절없는
날갯짓만

들길을
배회하며

절절히
기다리다 갑니다.

못다 한 말 3

우연히 만난대도
먼발치에서
잰걸음으로

제자리만
총 총총
뭐라 말할까

망설이고
망설이다
여운만을 남겨 두고

기웃기웃
휭하니
휙- 돌아섭니다.

인생 1

들숨과 날숨의
음파 속에서

가고 오고
피고 지고

웃고 울며
강 건너

산 넘고
긴 터널 지나

시작과 끝을
거듭하며

정한(定限)의 길
살짝 머물다 갑니다.

인생 2

배우고
익히며

사물(事物)의
뜻을 알고

명사(名詞)의
의미를 알며

쉼 없이
담금질로

길들여지고
융화(融和)되니

생명의 탯줄은
나만의 꽃.

시(詩)

너를
이렇게
만난 것은

스산한
마음에
위로가 되고

인생의
참 맛을
발효시키며

내밀한 상념의
조각들은
마치 비타민처럼

마음속
등불이 되어
나만의 작은 섬이다.

기억의 혼선

멀거니
지웠는데

별빛만
조각조각

패턴을 그리듯
서성거리고

피할 수 없는
체취들은

후각을
자극하고

잊어버린
목소리

환청이듯
또렷하더니

멈추지 않은
시어(詩語)만

십일월을
꾹꾹 눌러쓰며

기억까지
져버리지 말라

사원 정(情)을
토닥인다.

가고 오고

우연한 만남도
예정된 헤어짐도

당연한 줄 아는데
당연한 것은 없어

끊임없는 오류를
수정하고 반복해

경계를
지킬 줄 알아야

몸에 스미듯
고착화 되고

성찰의 결은
개성 넘친 빛이지.

2부

고유의 빛을 찾아 서성입니다

장미의 유혹

그 약속은
포근한 봄날처럼

봉긋봉긋
설렘으로

날 랑 날 랑
팔랑팔랑

빛나는
이야기로

먼 산자락
팡 팡팡

통
통 통

하염없이
피어오릅니다.

화석(化石)처럼

많은 사연은
까닭을
이해시키며

빗물로
씻겨주고

저 강물이
한 많은
눈물을 품듯

저 산들이
툭 털어버린
공허를 감싸고

저 구름이
꿈을 싣고
소식 전해 주듯

들릴 듯 말 듯
희미한 변명을
외면하고

가고 나면
알 것이고

지고 나면
회한으로

덤덤하게
새 옷을
갈아입고

기쁨의 웃음과
성장의 눈물로

망각의 과거와
변화의 현재는

표적을 남기며
화석(化石)이 되어갑니다.

여름날의 기억 1

시원한 냉면
한 그릇에
더위를 식히지만

하루
하루가
무척 더웠고

한 길
외길 따라
땀방울을 닦으며

산들산들
돌담길 사이엔
들꽃의 향연들

겉과 속 다른
이면을 깨우치고
치열한 열정만으로

가던 길 따라
사 브작 사 브작
걸어갑니다.

여름날의 기억 2

칠연계곡
차가운 물세례는

사방팔방으로 쏟아진
퍼즐 조각들

조각마다 새겨진
현재의 이유는

빈 돗자리 지키며
쉼 없는 대화만

뜨겁던 여름밤의
그 기억들을

새록새록
품고 가라 합니다.

세월은 1

꽃이 피고
열매 맺고

쉬지 않고
흐르고 흘러

과거와 현재는
같은 듯 교차하고

윤곽을
수정하듯

보이는 선을
다듬어둡니다.

세월은 2

아무리
잘하려 해도
흔적은 없고

흐르는 물의
시간은
잡을 수 없지

배움과
나눔의
단단한 근육만

시간의
퍼즐 속에서
맞추어 갑니다.

세월은 3

욕심은
채울 수 없는
어리석음이고

돌아서면
도로
제자리

더하고
빼기를
연습하며

낮과 밤을
자각하는
신호를 체득하고

의미와
무의미의
변화만 거듭한다.

나비의 꿈 1

억만년의
시간 속에서

갈망은
인내를 배우며

우물 안을
벗어나는 건

새삼
깊고도 넓어

어찌
해야 할지

또 다른
장막 앞에서

날갯짓만
머뭇머뭇.

나비의 꿈 2

나비만 된다면
다 된 줄 알았지

허나
그게 아니다

무작정
기다린다고

연습하고
또 연습한대도

자유는
환상일 뿐

애달픔과
안타까움만

또 다른
출발선에 섭니다.

이제는 말할 수 있어 1

수많은 시간은
하냥 흐르고

그 이름
차마 부를 수 없고

얼굴도
그릴 수 없지만

가던 길
돌고 돌아

다시
돌아서서

그냥저냥
이대로

나만의 길을
자유롭게 가야지.

이제는 말할 수 있어 2

소슬길
작은
돌멩이처럼

길섶에
수수한
들꽃처럼

흔들리는
전선줄에
닿을 듯

찬찬히
조근조근
흔들림 없이

아직은
마주
할 수 없어도

푸 르르르
날갯짓을
꿈꾸며

앞마당
화단만을
왔다 갔다 합니다.

이제는 말할 수 있어 3

못다 한
속엣말

어제도
오늘도

숨차도록
LP판에 숨어들고

기약 없는
일들만

변명하듯
버려두고

영민한
이성으로

혹독한
수련 중입니다.

인생 3

때론
화려하게
의미를 찾기도 하고

때론
소박하게
앙금을 남겨도 보는데

따뜻한 포옹과
아쉬운 이별을
꾹 참고 인내하며

알 수 없는
감정일랑
책갈피에 끼워둡니다.

인생 4

순수를 간직하고
계곡을 벗어나

외길을 가야 하는
숙명을 알아차리고

성장통을
감내하며

은은한 빛에
첼로 연주하듯

이제는
편함을 누리며

풍성한
자리를 가꿉니다.

사랑의 속삭임

아이처럼
유치해

걸핏하면
웃고

걸핏하면
울고

순간
이랬다

순간
저랬다

금방
좋았다

금방
토라지는

뽀송뽀송
아기 같아.

이별은 1

썰물
빠지듯
텅 빈 껍데기

구석구석
떠다니는
부유물들

차라리
이조차
남김없이

말끔히
사라지길
원하지만

왔다 간
흔적은
남을 수밖에

계절 사이로
새살이
차오르길

시간이
필요해
아직은.

꽃들은

다
같은 꽃인데

시샘하듯
과시하나

아 하!

스위치
내리기 전

제빛을
재촉하는 거구나.

3부

진솔함은 새벽이슬처럼

무의식은

시작하는
용기는

또 다른
이야깃감들로

색다른
의미 속에

가려진
내 속의 나와

직면하는
감정 자유야.

출발선

갈망은
색다른
의도의 시작

판도라
상자 안을
비추며

처음처럼
두근두근
설렘으로

그
까닭과
이유는

100호
캔버스에
덧칠을 하고

흩뿌리듯
휘모리장단으로
학춤을 춘다.

페르소나

어쩌다
생각나

간간이
참아낸

틀에 박힌
지루함을

한두 겹
덧바르며

선명한
색(色) 자락 끝에

영롱함을
물들이듯

보이는
그대로의 이미지.

사랑의 시차

서로
사랑한다고

착각부터
갈등의 꼬투리는

부메랑처럼
가시 박힌 말로

서로를
후비며

독한 중증을
자초하지

타고난 원석의
다름을 알고

발산되는 시차를
수용하는 순간

어느새 햇살 가득
포근해집니다.

또 다른 나 1

성품이
선(善)하니
마음이 밝고

관점은
긍정이고
순정으로

보석처럼
맑고
투명해

모두가
고운 빛으로
아름답습니다.

또 다른 나 2

마음의 크기와
무게는 다르지

인정받지 못한
본심은 가려지고

아닌 척
괜찮은 척

가면으로
겹겹이 무장한대도

까칠한 가시는
방패 사이 비집고 나와

숨겼던 마음
노출할 수밖에 없지.

그녀의 바다

힘들고 지칠 때
외롭고 적막할 때

포근한 미소로
반기는 곳

시원하게
탁 트인 한마디

잘 왔다 잘했다
한껏 격려해 주니

방전된 에너지
충전 완료

풍부한 마음 자락
한아름 선물 안깁니다.

수채화처럼

많은 변명이
필요 없다

시선도
필요 없다

무관심이
더 좋다

물끄러미
기저선 따라

외딴섬
그리며

어제도
오늘도

캔버스 속
여행 중입니다.

시(詩)와 그림은

생크림처럼
사 르르르

추억을
소환하고

마젠타 빛
그리움을 물들이며

코발트빛
기다림으로

무미건조한
마음 자락에

선명함으로
고요합니다.

흔적 1

차원의
욕망일까

잘한 것도
기억될 것도

없는데
없는데

남기려는
충동과 갈등만

반복되는
심상의 혼란 속에

유(有)에서
무(無)는

한 줌으로
먼지처럼 흩어질 뿐.

흔적 2

존재는
사유함이고

독실함을
유영하듯

강박은
보탬 안 되고

할 수 있다
최면을 걸지만

이미 제조되는
성형의 과정이고

자발적 의도는
상실감만 차오를 뿐

찌꺼기가 없다면
그나마 다행이지.

흔적 3

머문다는 건
담김인 거지

화선지에
획을 긋듯

응집된
응어리는

지경 속으로
희석되고

한 단계
상승 기온은

진정성 있는
의미들로

등급 따라
다르겠지.

차원의 시간

인식의 범위는
무한대로 가는

과중한 피로감과
불면의 밤사이로

손끝의 결정만
매몰되고

참과 거짓만
희석되어

부유물처럼
표류하다

서서히
망각의 늪으로

흔적 없이
빨려 들어갑니다.

미루나무 추억

우뚝
홀로 서서

말없이
곁을 내주고

못다 한 말
들어주며

그리움을
담아 주는 널

지금도
꼬깃꼬깃

뇌리에서
기억하고 있어.

오동나무의 약속

아버지의 뜨락에서
뿌리를 내리고

수많은
사연을 삭히며

혼자가 아닌
둘이 될 때까지

꼿꼿하게 숙성되는
숙련의 시간들

그 선약은
고운 빛을 발산하며

선(善)한 결을 찾아
삶을 지탱해 줍니다.

은사시나무엔

혹독한 겨울도
뜨거운 태양도

순결히
물들이며

진솔한 이야기
이슬처럼 남기고

작은 토씨 하나
도움이 되려

나눔의 사랑을
실천하고

당연한 의무로
버티며

성장의 길이로
나이테를 그립니다.

눈썰미

한 번에
쓱

뚝딱
그리고

또
한 번

쓱
싹 만들며

단 한 번
스친대도

곧바로
뚝딱!

군더더기 없이
깔끔하게

더 할 것 없는
값진 달란트.

정경미 시집 『마음에서 마음을 만나다』

4부

마음에 근육을 키웁니다

마음에도 위로가 필요해

첫사랑의 비밀

첫눈에
반하는 시간은
딱 1분이고

풋사랑이란
갈망 사이에서
끈을 잃고

사과 빛
그리움만
애잔함에 밀봉한 채

꼭꼭 감춰둔
회환들은
못다 한 정으로

가슴속에
분신처럼
함께 살아가고 있어.

팔월에는

뜨거운 태양을
만나러
투박한 언덕길 나서고

작은 배낭엔
삶은 감자와
시원한 얼음물도 챙겨

구불구불
황톳길 따라
느릿느릿 걷다

돌아가다
비구름을 만나면
철 지난 영화도 보고

어쩌다
어쩌다

계란 꽃을 만나면
잠시 서성이며
한눈팔다

둘레길
구경꾼 되어
기웃기웃 눈빛 맞추고

또 가다가
골목길
가로질러

나직한
간이역이 나오거든
빈 의자에 짐 내려두고

잠시 쉬어
냉기피 한잔 나누며
사담으로 갈증을 해소하며

여름날의 추억
한 잎
떨구어 두고 갑니다.

구월에는

수목원엔
이따금
드문드문

마주치는
연인들의
어깨를 스치며

청포도 빛
미소로
화답을 하고

그렇게
가다
가다가

새털구름 사이를
비껴가며
여유를 즐기고

짧고도
가까운 여행길을
돌아와

가을빛 날들을
새 일기장에
꾹꾹 눌러

또박또박
줄 맞추어
기록해 둘 겁니다.

단톡방

이 모양 저 모양
이말 저말 많은 곳

번호는 달라도
화면은 똑같아

빠른 전달
빠른 정보는

오해도 많고
실수도 많다

프로필 사진으로
소식을 전하지만

한 번쯤
곰곰이 생각하고

경계를 지키는
단체 방이 좋겠다.

시월엔

화려함보다
그냥 그대로

순한
이야기 머금고

단풍으로 물든
정원으로 가

상사화
십자가길 걸으며

구수한 말벗과
앙증맞은 몸짓으로

오래된 시간을
술술 풀어내듯

목젖까지 차오르던
소설 같은 이야기들로

길섶 가장자리에
낭만을 그리고 싶다.

사랑의 가면 1

듣고 싶은 것만 듣고
하고 싶은 말만 하고

믿고 싶은 것만 믿고
알고 싶은 면만 알고

담고 싶은 것만 담고
보고 싶은 방향만 보는

일방적인 사랑은
사랑이 아니고

가면 쓴
거짓 사랑입니다.

사랑의 가면 2

세상의 뭐든
주고 싶고

하고 싶은 것
다 해주고

갖고 싶은 것
다 챙겨주고

알뜰살뜰
챙겨주며

종이
인형처럼

구속하고
간섭하는

그 사랑은
편집증이야.

말의 힘

때와 장소에 맞는
그 말은
맑은 샘물이고

부정적인
시각으로
부적절한 말투는

모두를
어렵게 하는
갈등의 씨앗이지

사랑스러운
언어는
마음이 치유되고

희망의 씨앗으로
뽀드득뽀드득
자라납니다.

이별 2

차마
말 못 하고

안절부절
망설이다

낙숫물만
뚝 뚝 뚝

팽-
돌아서지만

다시
시작하라는 의미.

진심은

복잡함을
단순함으로

허세보다
신실함으로

소용돌이치는
마음 자락을

한 올 한 올
추려내어

있는 그대로
통찰의 거울 같아.

주문을 걸어봐

괜찮아
괜찮아
주문을 걸면

금방
마음이 밝아지고
자신감이 일어나

사랑해
사랑해
주문을 걸면

어느새
포근하니
사 르르르 녹아들어

할 수 있어
할 수 있어
주문을 걸면

모든 일이
술술 풀려
가볍게 나갈 수 있어.

이별 3

많은 시간들
많은 이야기
많은 공유는

흡수할 수 있고
막힐 수도 있고
갈등할 수 있지

그렇게
우린 서로
서툴렀지만

전보다
더 성숙한
나를 발견할 때

내 속에
잠자고 있는
나 깨우며

또 다른
출발선상에서
다시 도전할 수 있어.

전 의식

가랑비 오는 날
문득
기억나는 사람

갑자기
보고 싶어
휘 리릭 달려가

못다 한
내밀한 마음을
털어놓고 싶지만

마젠타 빛 그리움만
코발트빛 기다림을
편지에 담아두고

풍경 밖 창가만
서성이다
그냥 돌아왔어.

착시현상

내가
잘해 주면

너도
잘하겠지

내가
먼저 베풀면

너도
베풀겠지

내가
희생하면

너도
희생하겠지

그것은
그것은

욕심이고
조건부지

자기 방식의
착각이야.

그런 적 있나

가슴이 시리도록
아파본 적이 있나

눈이 짓무르도록
울어 본 적 있나

세상 어느 곳을
둘러봐도

기댈 곳 없다는 걸
느낀 적이 있나

말로만
겪는 것과

사무치게
겪어 본 적 있나

겪지 않고
공감할 수 없어.

신호대기

전방에
익숙한 차번호다

까맣게
잊고 있던 숫자

모호한
떨림이 요동치고

빽빽한
차량 행렬 속에

그가
서서히 다가오듯

기억은
가물거렸지만

지나간 건
지나갈 뿐

가던 길
직진해야지.

기다림

꽉 막힌 듯
답답함만
돌팔매질하고

그렇다고
가만있기엔
먹먹하여

들녘 언저리
바람결 맞으며
정거장만 종종거린다.

5부

민트 향으로 시작하자

마음에도 위로가 필요해

좋은 만남 1

하늘 냄새가 나는가
이끼 냄새가 나는가
바다 냄새가 나는가

마젠타 빛 그리움을
절절히
품어내는가

짜릿한 설렘은
향긋한
향기로움이 있는가

자꾸자꾸
끌리는
이끌림이 있는가

깨끗하게 빛나는 사람
포근포근 따뜻한 사람
그리움이 출렁이는 사람.

좋은 만남 2

언제 보아도
있는 그대로
말할 수 있고

자주 만나지
못해도
친절한 사이

얼굴빛으로
몸짓으로도
척하고 통하는

소박하고
온유하게
나란히 걸어갑니다.

몽돌 이야기

너와 나
고유의 원석으로
만나

두 마음을
한마음이 되길
간절히 기대하며

숱한 세월 속에서
같음과 다름을
서로 존중하며

몽돌처럼
반질반질
내공을 길러

결 따라
물길을
만들어 줍니다.

무녀도(無女島)엔

해안선 따라
멍때리기
좋은 곳인가

평평한 너럭바위
살가운 손짓에
길손은 쉬어가고

한낮의 침묵을
반전하듯
머드 빛 물길 사이로

어영 차 어영 차
질박한 아낙네들
바쁜 물질 소리

풍어를 알리는
뱃고동 소리에
무녀도가 살맛났다.

시(詩) 빚기

재료는 자음과 모음
수사와 품사들

가닥가닥 추리고 다듬어
짭조름한 소금 간 치고

맛깔 나는 시어 찾아
감정의 싹으로 버무려

이성으로 나열한
변명은 잘라내고

명품 시(詩) 빚기 위해
곰삭는 시간들을 버티며

활짝 핀 꽃길이길
오롯이 빚어낸다.

겨울 바다

단백해서
좋다

속살을
에이듯 차가운
갯바람도 반갑다

아쉬움에
움푹 파인
파도는 더 좋다

그저 해안가
먼발치에
홀로 서서

지워진
상념들을
휘적거리지만

사연을 품은
갯바위는
한 수 던지며

그대로
덮어 두란다.

들꽃의 대답

풀 속에
가려진 게 아니고

눈높이를 한다면
볼 수 있어

나서기
싫어서가 아니고

소박하게
지내고 싶은 거지

같은 곳에서
피고 지는 것은

귀찮은 게 아니고
익숙함이지

들꽃이라
다 같은 이름이 아니야

서로 다른
이름도 있어

다만 관심 없어
기억을 못 함이지

해마다 같은 곳에서
같은 꽃이라지만

개성이 다른
빛으로 피어납니다.

소라게의 사랑

느릿느릿
옹색한 걸음도
만족하단다

허물 많아
위로받지
못할지라도

팍팍한
마음자리에
짜증 낼만 하지만

그래도
서로를 토닥이는
한결같은 마음으로

지루하고 고독한
갯벌 품에서
끄덕끄덕 시를 씁니다.

갈매기의 꿈

흰 물결 따라
끝없이 가는 게
오히려 편함이야

돌아보면
볼수록
아득할 뿐

날 수
있을 때
날아야 해

샛바람을
가를 수 있을 때
맘껏 저어가자

냉혹한
현실일지라도
당당하게 수용하고

자유의 방향키를
꿋꿋하게 조율하며
날개를 펼치자.

파도 이야기

1.
당신의 마음속에
살고 있는 그는

정녕
호사스럽게 보였어

당신의 애잔한
눈빛 속에 담긴 그는

사뭇
부럽기만 했지.

2.
다만 그런
표정을

말없이
바라만 본다는 게

힘이 들지만
가끔은

맹물을 마시며
못 본 체했고

아직도
그 자리에 있는

내 모습을
발견하고

철 늦은
해안선 따라

차가운 이성으로
싹 지우고

계절 사이로
유유히 흐른다.

3.
한때는
모든 것을
알 수 있었는데

이제는
백지처럼 하얗게
말라 버렸다

흔들리는 눈동자만
멀거니 바라보다
가던 길 갑니다.

황사

스치고 간 자리엔
푸석한 모래바람만
뿌옇게 몰아치고

젖은 눈가엔
석양빛만
붉게 차오른 채

산모퉁이
언저리에 앉아
기다려 보지만

눈을
뜰 수 없이
밀려드는 시어는

황톳빛
모래알을 닦으며
말간 창가 위에 스민다.

소통이 필요해

서로 알았지만
불소통일 땐
놓아버리자

어설픈 감정만
야금야금
옭아매지 말고

그때
그 일들은
이미 지난 과거

맑은 향기 중
민트 향으로
다시 시작하자

버릴 수 없는
미련도
헛된 애착이지

혹시나 하는
기대는
자신만 가둘 뿐

하늘을 봐
여름날에
소나기처럼

버릴 땐
과감하고
깔끔하게

소중한
감정만
고스란히 챙기니

엉킨 실마리는
저절로 풀려
소통을 이룹니다.

무화과나무

기억 속에
뜸들이고 있는
그 향기다

꽃은
피지 않는 게
아니고

보이는 게
다가
아니라고

넓은 잎에
가려진 채
애를 태우더니

선물 같은
붉은 꽃다발
한아름 안겨준다.

십일월로 가는 길

시시때때로
밀려드는 사색의 끈
다 잡아서

아침이면
또다시
채비를 하지만

막상 그 실은
멀고도 먼 길

습관처럼
통나무집 앞을
맴돌다

문자만 남기고
또각또각
돌다리 건너와

흩날리는
떡갈잎 따라
걸음을 재촉합니다.

훌쩍 떠나자

지루했던
육지를
떠나보자

가는 곳마다
축제행렬은
걸음을 붙잡지만

오가는 이들의
엇갈린 목적지엔
사람 사는 맛나고

긴장감은
무장 해제하듯
수다 삼매경에

번아웃 된
마음 자락까지
챙김 받고

줄넘기하던
삶의 찌꺼기들
사그라질 즈음

색다른 언어들이
속살거리며
심연 자락을 흔들어 깨운다.

공지천의 추억

군더더기 없는
말투에서

신뢰가
묻어나듯

진정성 있는
이야기가 좋다

우연히
만나

눈웃음으로
이야기꽃 피고

청아한
호숫가를

돌고 돌아
눈물짓다

맑간 풍경 속
반영으로 스민다.

환희의 빛

흐름을
적응하는

사유의
요소들은

언어의
판타지고

감성은
벅찬 희열

순간순간
기쁨의 충동은

조건 없는
영롱한 빛

경이로움과
다채로움의

선물이고
축복입니다.

| 나오는 말 |

나이를 먹는다는 것

1.
가을날의 알곡들이
나직이 고개를 숙이듯
겸손할 줄 안다면

지나온 시간만큼의
그 의미를
인식할 수 있으며

할 말이 있어도
다 할 필요 없이
침묵할 줄도 알아야

그만큼 역지사지 할 줄 아는
지혜로운 사람으로
속 깊은 정으로 거듭나는 겁니다.

2.
자신을 하얗게 태울 줄 아는
지혜가 있어야
곰삭힐 줄도 알게 되고

무심한 시간일지라도
그냥 흐르는 게 아니고
그 시간만큼 물들어가며

숱한 날들의 기억들을
그리움으로 희석하는 지혜를
발현할 줄 알아야 합니다

저 강물의 노래 소리를
저 나무들의 이야기를
저 들녘 풀잎의 사각임을

세월의 거울은
스스로 빚은 만큼의
자기모습을 보여주기에

나만에 고유의 빛을 발산하며
깊어지는 까만 눈동자 속에서
찬란하게 빛나는 겁니다.

마음에서 마음을 만나다
정경미 제4시집

발 행 일 | 2024년 10월 5일
지 은 이 | 정경미
발 행 인 | 李憲錫
발 행 처 | 오늘의문학사
출판등록 | 제55호(1993년 6월 23일)
주   소 | 대전광역시 동구 대전로 867번길 52(삼성동 한밭오피스텔 401호)
전화번호 | (042)624-2980
팩시밀리 | (042)628-2983
카   페 | http://cafe.daum.net/gljang(문학사랑 글짱들)
인터넷신문 | www.k-artnews.kr(한국예술뉴스)
전자우편 | hs2980@daum.net
계좌번호 | 농협 405-02-100848(이헌석 오늘의문학사)

공 급 처 | 한국출판협동조합
주문전화 | (02)716-5616
팩시밀리 | (02)716-2999

ISBN 979-11-6493-349-5
값 10,000원

ⓒ정경미 2024

* 이 책의 판권은 저작권자와 오늘의문학사에 있습니다.
* 이 책은 E-Book(전자책)으로 제작되어 ㈜교보문고에서 판매합니다.
* 잘못 만들어진 책은 구입하신 서점에서 교환해 드립니다.